D0689916

Buena presencia

La piel

Arlene C. Rourke

Versión en español de Argentina Palacios

Rourke Publications, Inc.
Vero Beach, FL 32964

La autora agradece a las siguientes personas por la ayuda prestada en la preparación de este libro:

Dixie Montegomery, propietaria y directora de una escuela y agencia de modelado.

Eileen Griffin, artista, ilustradora y propietaria de una firma de artes gráficas.

Un agradecimiento muy especial al **Dr. John W. McDonald** por su asistencia profesional. El Dr. McDonald es dermatólogo y ejerce en Florida.

Library of Congress Cataloging-in-Publication Data

Rourke, Arlene C., 1944-
   [Skin. Spanish]
   La piel / Arlene C. Rourke; versión en español de Argentina Palacios
        p. cm. — (Buena presencia)
   Traducción de: Skin.
   Incluye índice alfabético.
   Resumen: Explica el cuidado de la piel, desde la limpieza hasta el uso de maquillaje.
   ISBN 0-86625-294-0
   1. Piel—Cuidado e higiene—Literatura juvenil. 2. Belleza, personal—
Literatura juvenil. 3. Materiales en español [1. Piel—Cuidado e higiene.
2. Belleza, personal.] I. Título. II. Serie.
RL87.R8518   1992
646.7'26—dc20   92-11063
                                               CIP
                                               AC

ÍNDICE DE MATERIAS

LA PIEL

¿Sabes que la piel es el órgano más grande del cuerpo? Como promedio, una pulgada cuadrada de piel contiene:

> 94 glándulas sebáceas
> 19 pies de vasos sanguíneos
> 625 glándulas sudoríparas
> 19,000,000 células

La densidad de la piel humana varía. Alrededor de los ojos es mucho más fina y delicada que en la planta de los pies.

La piel se divide en dos capas principales.

La *dermis* es la parte interior. Se compone de células vivas y saludables.

La *epidermis* es la parte exterior. Ésta es la parte visible de la piel. Se compone de viejas células muertas que constantemente se desgastan.

En la página siguiente se muestra el funcionamiento de la piel. Las *puntas de los nervios* dan el sentido del tacto. El pelo sale de unos tubitos llamados *folículos pilosos*. Las *glándulas sebáceas* que se encuentran muy dentro de la piel son las que segregan el sudor por conducto de los *poros*. Las *glándulas sebáceas* producen una sustancia llamada *sebo*, que es lo que mantiene la piel y el cabello suave y flexible.

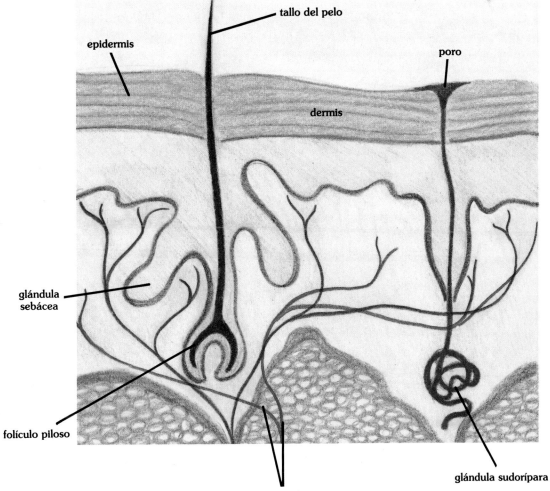

tallo del pelo

epidermis

poro

dermis

glándula
sebácea

folículo piloso

glándula sudorípara

vasos sanguíneos

5

La piel saludable tiene poros abiertos. Por allí salen constantemente la grasa y el sudor del cuerpo. La epidermis muda las células muertas y de la dermis salen las nuevas, vivas.

DISTINTOS TIPOS DE PIEL

La piel ideal no es ni grasosa ni reseca. Tiene el color parejo, poros pequeños y excelente textura. Nunca tiene barros ni espinillas. Los cambios de dieta o clima no la afectan. Se mantiene bien con agua y jabón y casi no requiere maquillaje.

¿Qué? ¿Tu piel no es ideal? ¡Calma! Casi nadie tiene ese tipo de piel.

Los tres tipos básicos de piel son: *seco, grasoso y combinación*. Casi todo el mundo pertenece a uno de los tres. Ese tipo es el que determina cómo se debe cuidar la piel y los productos que se deben usar. Para determinar el tipo, hay que estudiar la piel cuidadosamente.

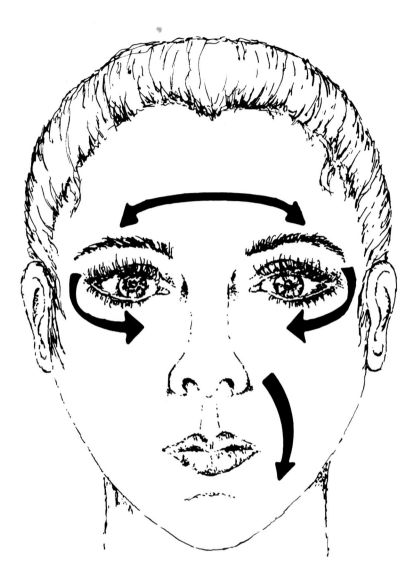

Tipo A: ¿Sientes la piel seca, escamosa, fina y tirante, especialmente después de larvala? ¿La afectan los cambios extremos de humedad relativa? ¿Se quema muy fácilmente al sol?

Tienes *piel seca*.

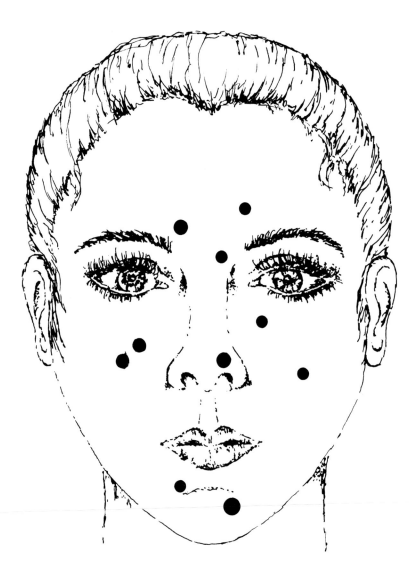

Tipo B: ¿Tienes la piel brillosa, grasosa y áspera? ¿Son grandes tus poros? ¿Te salen muchos barros y espinillas?

Tienes *piel grasosa*.

8

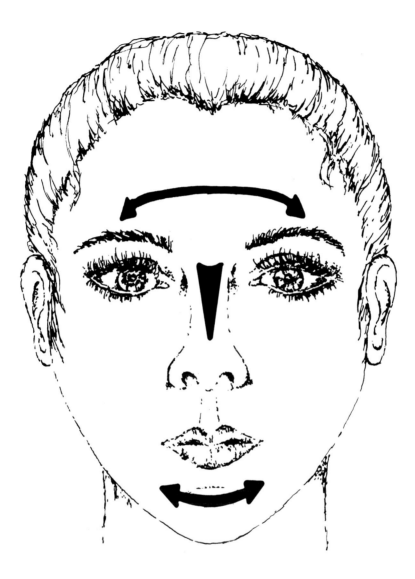

Tipo C: ¿Tienes la piel seca en las mejillas y cerca del perfil del cuero cabelludo pero grasoso en la frente, la nariz y la barbilla?

Tienes *piel de combinación*.

LA LIMPIEZA

El cuidado de la piel es uno de los aspectos más importantes de la buena presencia. Si uno tiene la piel saludable y radiante, sin duda va a verse y sentirse mejor.

Ya sabemos que muy pocas personas tienen la piel ideal. Si una no la tiene, no tiene por qué descorazonarse. Aún bellas modelos y actrices tienen problemas con la piel, pero reconocen el problema y la mejor manera de cuidarla. Si ellas lo pueden hacer, también lo puedes hacer tú.

Los instrumentos

Jabones y limpiadores Tener la piel limpia es lo más importante del cuidado de la misma. Para eso hay disponibles muchos tipos de jabones y limpiadores. Se debe usar uno apropiado para el tipo de piel que tiene la persona. Si la piel es seca, *siempre* se debe usar un jabón o limpiador suave. Un farmacéutico o una cosmetóloga puede sugerir un jabón supergraso o un limpiador humectante. Los jabones supergrasos contienen un humectante natural. Después de usarlo hay que lavarlo completamente porque si queda algún residuo puede tener un efecto resecador. Si la piel es seca, se debe evitar el agua caliente.

Si la piel es grasosa, hay quienes creen que un jabón fuerte o un limpiador muy astringente sirven para quitar el exceso de grasa. Pero, en realidad, tales productos irritan muchísimo la piel. Un buen jabón suave usado varias veces al día es más efectivo.

10

Humectantes La piel pierde agua diariamente. Para tenerla suave, hay que reponer el agua. Los humectantes son lociones ligeras, sin grasa, que suavizan la piel y evitan la sequedad. Hay que beber agua y usar un buen humectante para que la piel tenga buena compensación de agua. Cuando se tiene la piel seca hay que usar un humectante a menudo.

GUÍA: Después de lavar la cara, con la piel todavía húmeda, aplicar una capa fina de humectante. La piel se beneficiará doblemente: con el agua y con el humectante.

Quitador de maquillaje Cuando se usa maquillaje, es más fácil quitarlo con quitadores especialmente formulados para eso. La máscara de pestañas o rímel es difícil de quitar pero sale fácilmente con quitador. Es recomendable evitar productos que contienen alcohol.

Máscaras Las máscaras pueden ser en forma de gel o de pasta. Se usan para limpiar los poros y hacer caer la piel muerta. Siempre se debe evitar tocar alrededor de los ojos. ¡Leer con cuidado las instrucciones que trae el paquete! La máscara nunca se debe dejar puesta más del tiempo recomendado porque puede secar mucho la piel.

GUÍA: Las máscaras pueden ser muy caras. Se puede experimentar con una máscara casera.

Las siguientes recetas son fáciles de preparar y cuestan poquísimo dinero:

Para piel seca:

Mezclar dos cucharadas de aceite de almendra y dos cucharadas de miel de abeja. Poner al fuego hasta que entibie. ¡Cuidado que no se caliente! Aplicar a la cara con los dedos. Dejar que enfríe.

Lavar con agua apenas tibia. Después, aplicar humectante.

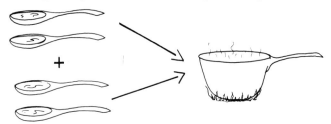

Para piel grasosa:

Mezclar una taza de avena cruda con suficiente agua para hacer una pasta. Aplicar a la cara.

Dejar secar. Enjuagar con agua tibia.

Agua Normalmente no pensamos que el agua es un producto de belleza, pero ésta puede ser más valiosa que cosméticos más caros. El agua ayuda a la circulación y lleva nutrientes a todo el cuerpo; regula la temperatura del cuepo y limpia el cuerpo de impurezas. Hay que beber entre seis y ocho vasos de agua diariamente para obtener todos los beneficios que puede proporcionarnos.

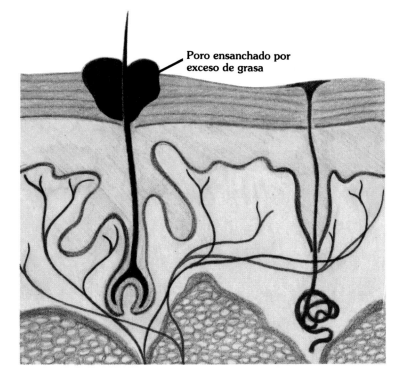

Poro ensanchado por exceso de grasa

El acné

Los barros que generalmente aparecen en la cara reciben el nombre de *acné*. Durante la adolescencia, las glándulas producen más grasa y sebo. A veces los poros no pueden soltar todo el exceso de grasa y ésta queda atrapada. Entonces vienen las bacterias y aparecen los barros.

La mayor parte de los adolescentes tiene acné en un momento dado. Casi siempre es un problema poco serio y desaparece al llegar a los veinte años o poco después. La limpieza ayuda a controlar el acné.

Unos cuantos jóvenes sí tienen un acné serio, doloroso y que los avergüenza. Si no se trata debidamente, puede dejar cicatrices permanentes. Si crees que tienes un caso serio de acné, habla con un dermatólogo, es decir, un médico especialista de la piel. No existe una "cura" única para el acné, pero el médico te puede dar el tratamiento adecuado para el caso tuyo.

Consejos para tener piel saludable

¡Mantenerla limpia! La limpieza es la base de la belleza. Lavar la cara dos veces al día, o más si la piel es grasosa. Darse un champú dos veces por semana, o más si el cuero cabelludo es grasoso.

Beber de seis a ocho vasos de agua diariamente. Las bebidas gaseosas, o sodas, no cuentan como agua.

Comer una dieta balanceada. Poca comida rica en grasa y calorías.

Dormir lo suficiente. Tu cuerpo está en crecimiento y necesita tiempo para restituirse.

Hacer mucho ejercicio. Es bueno para la circulación y, además, quema calorías.

Usar bloqueador de sol.

Mantener las manos alejadas de la cara. Todos tenemos la costumbre de jugar con el cabello o la cara. Las manos son portadoras de gérmenes que se pueden regar en la cara.

Si tienes acné, todo lo anterior es aplicable, más lo siguiente:

Aunque la tentación sea muy grande, *¡no apretar los barros!* Cuando se aprietan, se riegan y te puede dar una infección grande.

Evitar maquillaje grueso y grasoso. El maquillaje atrapa bacterias en la piel. Los poros necesitan aire. Usar maquillaje sin grasa.

El sol y la salud

¡La ciencia médica tiene pruebas indiscutibles de que demasiado sol es peligroso para la salud! Estar al sol continuamente puede causar cáncer y envejecimiento prematuro de la piel.

La quemadura del sol es lo que resulta de estar demasiado tiempo al sol y es muy dolorosa. Las siguientes son sugerencias para evitar la quemadura del sol:

Evitar estar al sol entre las 10 A.M. y las 2 P. M., cuando el sol es más fuerte.

Llevar un sombrero o visera si la cara se te quema fácilmente. Llevar una buena cubierta para estar en la playa.

Si quieres broncearte, quédate al sol sólo quince minutos el primer día y aumenta el tiempo poco a poco.

El agua de piscina, lago y océano refleja e intensifica los rayos del sol. La arena y la nieve tienen el mismo efecto.

Los bloqueadores de sol ayudan a proteger la piel de los rayos ultravioleta del sol, los que más queman. Unos bloqueadores son impermeables, otros no. Si nadas, debes usar uno impermeable.

Hay bloqueadores de diferente intensidad ("SPF ratings"). Si tienes la piel clara, probablemente necesitas el SPF más alto. Lee las instrucciones del paquete con todo cuidado.

GUÍA: Aunque muchos no lo creen, la gente de piel oscura también se quema. Pero tal vez necesiten un bloqueador con "SPF" más bajo.

CONÓCETE A TI MISMA

En este capítulo aprenderás a identificar la forma de la cara. La forma ideal es la ovalada, pero, al igual que con la piel ideal, casi nadie tiene la cara perfectamente ovalada. Cuando tengas edad para usar maquillaje, recuerda que la forma de la cara afecta el tipo de maquillaje que se debe aplicar y dónde hacerlo.

CARA OVALADA

CARA REDONDA

CARA CUADRADA

CARA TRIANGIULAR

EL MAQUILLAJE

Antes de empezar a usar maquillaje, pide permiso a tus padres para hacerlo.

Si te lo dan, experimenta con cuidado. Los dos peores errores que cometen las muchachas y las mujeres es ponerse demasiado maquillaje y ponérselo donde no deben. La aplicación de cosmésticos es un arte. Debe haber un motivo para cada línea y toque que uno se dé. Tal vez no necesites todo el maquillaje que crees necesario. Cuando no estés segura, ¡no lo uses!

Cómo empezar

Estudia tu cara para ver cuáles son tus mejores rasgos y cuáles los peores. Tienes que hacer resaltar los mejores y moderar los peores.

¿Ojos hermosos, de bonito color? Aprende a maquillarlos para que sean tu facción principal.

¿Piel clara, de color uniforme? Puede que no necesites base ni encubridor. Sólo necesitas un poquito de polvo para quitar el brillo.

GUÍA: Los cosméticos pueden ser muy caros. Empieza con sólo unos cuantos hasta que tengas una buena idea de lo que necesitas.

Los instrumentos

Por lo general, las jóvenes no cuentan con mucho dinero para cosméticos. Los cosméticos no tienen que ser los más caros para lograr el efecto deseado.

Una de las excepciones a la regla anterior es la selección de cepillos de maquillaje. Es indispensable usar los mejores, los de cerdas de marta cibelina. Además, éstos duran mucho tiempo si se cuidan bien.

El **encubridor** ayuda a esconder las imperfecciones y los círculos negros bajo los ojos. Elige el tono más parecido a tu piel. Si se ve demasiado blanco bajo los ojos, te dará aspecto fantasmal.

La **base** empareja el color disparejo. También ésta debe ser del tono más parecido a tu piel. Evita los tonos demasiado rosados porque casi siempre parecen poco naturales. Si tienes piel seca, prueba una base con grasa. A las personas con piel grasosa les va bien una base hecha con agua.

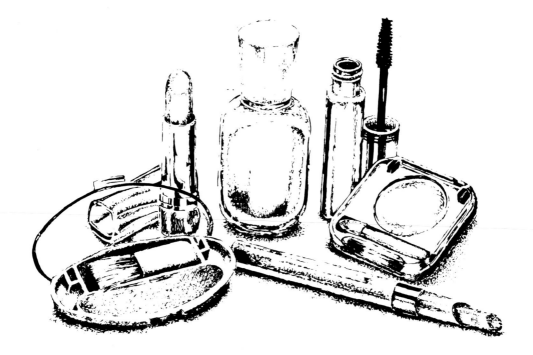

Los **polvos** se deben aplicar con un buen cepillo de polvos. Las motas o borlas tienden a dejar la cara gredosa y, además, agarran gérmenes. Los polvos se usan para quitar el brillo. Los mejores son los polvos translúcidos.

El **sombreador** puede dar mucho realce. Pero no trates de combinarlo con el color de la ropa. Elige un color que vaya bien con tus ojos. Los sombreadores en polvo duran más tiempo y no se asientan en los pliegues.

El **delineador de ojos** se usa al borde las pestañas para que los ojos se vean más grandes. Lo más importante en esta área es tener cuidado. Nada se ve tan falso como los ojos a la Cleopatra. Para la mayoría de las muchachas, un tono café medio es el mejor. Sólo si tienes la piel negra debes usar delineador negro.

La **máscara** o **rímel** da la impresión de que las pestañas son más largas y tupidas. Como en el caso anterior, café es mejor para casi todo el mundo, negro para la piel negra.

El **colorete** le da a la cara una luminosidad de aspecto saludable. El color de durazno y el rosado claro son los mejores para la piel clara. Para la piel olivácea, el mejor es el rojo claro. Para la piel negra, el mejor color es coral rojizo.

El **carmín** o **lápiz de labios** es tan importante como cualquier otro cosmético. Se debe usar como el colorete. Las pelirrojas deben tener especial cuidado al seleccionar un lápiz de labios. En ellas, ciertos tonos rosados se ven muy feos. Los mejores colores son rojos claros, bermejo y anaranjado tostado.

Sugerencias de sentido común

El maquillaje se debe quitar por la noche. Hay que darle a la piel la oportunidad de respirar.

Nunca se debe prestar el maquillaje a nadie ni usar el de nadie. Muchos gérmenes se pueden regar de esa manera.

Si en vez de lápiz usas delineador sólido, humedécelo con agua. No le pongas saliva.

Si usas lentes de contacto o lentillas, pregúntale al médico si puedes usar maquillaje en los ojos.

Si usas lentes de contacto o lentillas, cierra los ojos siempre que te apliques alguna forma de rocío, ya sea perfume, rocío de cabello, o desodorante.

Lava los cepillos de maquillaje cada pocos días. Lava las esponjas cada vez que las usas. Usa un jabón suave y enjuaga completamente.

CÓMO APLICAR EL MAQUILLAJE

Se empieza con la cara limpia.

Debe haber buena iluminación.

Si usas humectante, aplícalo unos diez minutos antes de maquillarte.

Aplica el encubridor después que el humectante ha sido absorbido.

GUÍA: No te descorazones si al principio no te queda bien el maquillaje. Para eso se requiere práctica y paciencia.

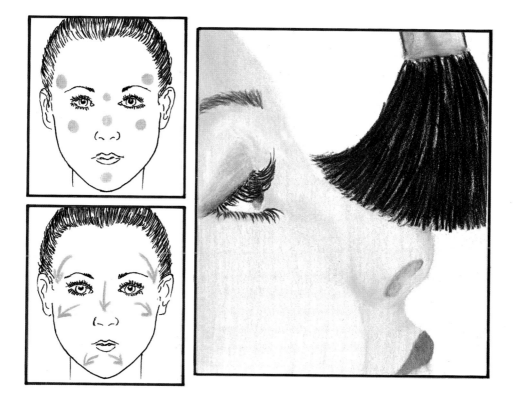

Pon puntos de base en la cara.

Riega con los dedos o con una esponja en la dirección de las flechas del dibujo.

Aplica polvos translúcidos con un cepillo.

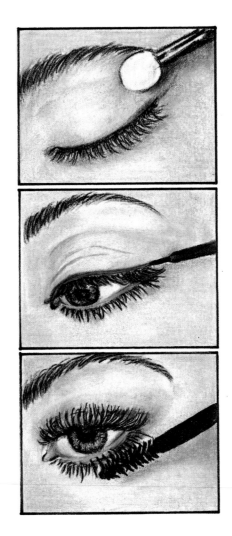

Aplicar sombreador como se ve en el dibujo.

Aplicar una capa muy fina de delineador de adentro hacia afuera, en el párpado superior y el inferior. Tizna un poquito para que se vea más natural.

Aplica máscara o rímel. Mira hacia abajo. Empieza desde la raíz y termina al borde de las pestañas superiores. Mira hacia arriba. Aplica por debajo.

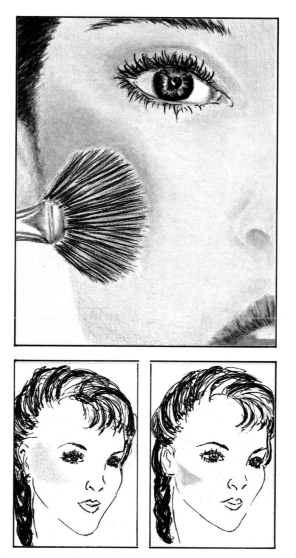

Aplicar colorete en los pómulos, hacia las sienes y hacia los lados.

GUÍA: Para que las mejillas no se vean tan redondas, aplica colorete *debajo* de los pómulos hacia el centro de las orejas.

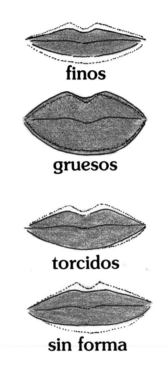

finos

gruesos

torcidos

sin forma

Aplica base a los labios.

Aplica el carmín siguiendo el contorno natural de los labios.
El brillo con un poquito de color da un aspecto más natural.

GUÍA: Prueba con un lápiz delineador antes de aplicar el carmín. Eso define mejor los labios.

ÍNDICE